Pe. FERDINANDO MANCILIO, C.Ss.R.

Novena de São João Batista

Editora
SANTUÁRIO

DIREÇÃO EDITORIAL:
Pe. Fábio Evaristo R. Silva, C.Ss.R.

DIAGRAMAÇÃO:
Junior dos Santos

COORDENAÇÃO EDITORIAL:
Ana Lúcia de Castro Leite

CAPA:
Mauricio Pereira

REVISÃO:
Bruna Vieira da Silva

Textos bíblicos extraídos da Bíblia de Aparecida, EditoraSantuário, 2006.
ISBN 85-7200-848-9

FSC
www.fsc.org
MISTO
Papel produzido a partir de fontes responsáveis
FSC® C132240

A marca FSC® é a garantia de que a madeira utilizada na fabricação do papel deste livro provém de florestas que foram gerenciadas de maneira ambientalmente correta, socialmente justa e economicamente viável.

Este livro foi composto com as famílias tipográficas Times e Times New Roman e impresso em papel Offset 75g/m² pela **Gráfica Santuário.**

1ª impressão: 2003

4ª impressão

Todos os direitos reservados à **EDITORA SANTUÁRIO** — 2018

Rua Padre Claro Monteiro, 342 — 12570-000 — Aparecida-SP
Tel.: 12 3104-2000 — Televendas: 0800 16 00 04
www.editorasantuario.com.br
vendas@editorasantuario.com.br

São João Batista

No dia 24 de junho, celebra-se o nascimento de São João Batista, filho de Zacarias, o mudo, e de Isabel, a estéril. Seu nascimento anuncia a chegada dos tempos de Jesus, tempos em que a esterilidade se tornará fecunda e o mutismo se tornará força profética. O sobrenome de Batista é encontrado no próprio Evangelho, porque é ele quem anuncia um novo batismo (Mt 3,13-17). João procura mostrar que ninguém se basta a si mesmo e que todos precisam da conversão e da graça santificadora de Deus. Ele é lembrado no Evangelho, como um homem de grande mortificação; por isso vai ao deserto para fazer penitência, onde se alimentava de gafanhotos e mel silvestre. Mas ele é, sobretudo, um profeta: portador da Palavra de Deus e testemunha dessa Palavra criadora de um mundo novo. Ele sempre anunciava: "Convertei-vos!". Morreu mártir, decapitado por Herodes, por causa de sua fidelidade à Palavra de Deus e da denúncia das coisas contrárias ao Reino de Deus, como a infidelidade de Herodes e Herodíades.

São João Batista é quem inaugura os tempos messiânicos, o Novo Testamento, anunciando a vinda de Jesus. Ele nos dá o testemunho de seu martírio em favor do Reino de Deus.

Você tem em mãos esta novena em louvor a São João Batista. Ela surgiu do desejo de ajudá-lo(a) a rezar com piedade e fé a esse santo tão importante para nossa fé cristã. Em muitas famílias e lugares, todos os anos, as pessoas se reúnem para celebrar sua devoção para com São João Batista. Certamente, esse modo simples e popular de celebrar a fé vem ao encontro dos anseios pessoais e é um modo sublime de manifestar o amor para com Deus.

Esta novena tem o desejo de ajudar você a rezar de um modo mais ordenado e com a centralidade na Palavra de Deus. É a Palavra de Deus que deve sempre inspirar nossa piedade e todas as nossas devoções. Portanto, é a Palavra do Evangelho que orienta cada dia desta novena.

Oração inicial
(Para todos os dias da novena)

— Em nome do Pai, do Filho e do Espírito Santo. Amém.

— Senhor, que vossa voz que ressoa em nosso mundo, seja ouvida pelo coração de cada ser humano. Ela ressoa nos fatos e nos acontecimentos de nossa história. Ela ressoa e precisa ser ouvida, nas ruas e avenidas, praças e cidades. Que seja feita sempre a vossa vontade.

— Vinde, Espírito Santo, enchei o coração de vossos fiéis e acendei neles o fogo de vosso amor. Enviai vosso Espírito e tudo será criado. E renovareis a face da terra. Oremos: Deus que instruístes os corações de vossos fiéis com a luz do Espírito Santo, fazei que apreciemos retamente todas as coisas, segundo o mesmo espírito, e gozemos sempre de sua consolação. Por Cristo, nosso Senhor. Amém!

Oração final
(Para todos os dias da novena)

Ó glorioso São João Batista, profeta e precursor do Altíssimo primogênito da graça de Jesus e da intercessão de sua santa Mãe, grande diante do Senhor, pelo dom com que fostes enriquecido desde o seio materno e pela fidelidade no cumprimento da missão recebida de Deus, ajudai-me a acolher a Boa-Nova que anunciastes. Quero fazer de minha existência uma realização da justiça, do amor, da penitência e da pureza que proclamastes. Alcançai-me a graça de pertencer inteiramente ao Reino por vós prenunciado e que está presente entre nós desde o nascimento de Jesus.

Pai-nosso, que estais no céu...
Ave, Maria, cheia de graça...

O Senhor nos abençoe e nos guarde! O Senhor nos conceda, em sua bondade, o perdão, o amor e a paz! O Senhor nos ilumine com sua luz e nos faça andar nos caminhos da justiça e do bem! O Senhor inspire nossas ações! Em nome do Pai, do Filho e do Espírito Santo. Amém.

1º Dia

Zacarias e Isabel

1. Oração inicial *(p. 5)*

2. Intenções

Neste primeiro dia da novena em louvor a São João, nós queremos, Senhor, vos pedir esta graça... (*manifestar a graça que espera alcançar*). Zacarias e Isabel foram escolhidos por vós, para que deles viesse o precursor de Jesus. Olhai para nós também, e se nosso desejo estiver de acordo com o vosso, atendei-nos, Deus de bondade!

3. Prece de louvor

Façamos nosso louvor ao Pai do céu, por intercessão de São João, para que alcancemos a proteção de Deus e a graça da humildade e do anúncio da vinda do Reino, como fez São João Batista.

– Que todos os homens e mulheres bendigam a Deus.

– Bendito seja o Deus da vida!

– Que a terra e o céu, astros e estrelas, bendigam a Deus.

– Que toda a ciência, e todos os cientistas, bendigam a Deus.

– Por causa de todo o progresso já conseguido na face da terra.

– Por todas as crianças, por todos os jovens, por todos os adultos.

4. Palavra de Deus *(Lc 1,5-16)*

Havia um sacerdote chamado Zacarias, pertencente à classe de Abias; sua mulher era uma descendente de Aarão e chamava-se Isabel. Ambos eram justos diante de Deus e seguiam fielmente todos os mandamentos e preceitos do Senhor. Mas não tinham filhos, porque Isabel era estéril, e os dois eram de idade avançada. (...) Mas o anjo lhe disse: "Não tenhas medo, Zacarias, porque tua oração foi atendida: Isabel, tua esposa, vai te dar um filho, a quem darás o nome de João. Ficarás feliz e radiante, e muitos se alegrarão quando ele nascer. Ele reconduzirá muitos filhos de Israel ao Senhor, seu Deus. *Palavra da Salvação!*

5. Interiorização

Pensando em Zacarias, Isabel, João Batista e em tudo o que aconteceu com eles, o que aprendemos para nossa vida?

6. Súplica
– Ó Jesus, manso e humilde de coração, **ouvi-me!**
– Do desejo de ser estimado, **livrai-me, ó Jesus!**
– Do desejo de ser amado, **livrai-me, ó Jesus!**
– Do desejo de ser conhecido, **livrai-me, ó Jesus!**
– Do desejo de ser honrado, **livrai-me, ó Jesus!**
– Do desejo de ser louvado, **livrai-me, ó Jesus!**

7. Oração final *(p. 6)*

2º Dia

O encontro dos pobres

1. Oração inicial *(p. 5)*

2. Intenções

Neste segundo dia da novena em louvor a São João, nós queremos, Senhor, vos pedir esta graça... (*manifestar a graça que espera alcançar*). Maria foi visitar Isabel, e foi grande a alegria dessas duas mulheres e mães. Olhai para nós, e se nosso desejo estiver de acordo com o vosso, atendei-nos, Deus de bondade!

3. Prece de louvor

Hora de elevarmos até o céu nosso louvor. Mesmo que nossos louvores nada acrescentam à bondade e misericórdia do Pai do céu, Ele nos ouve e aceita tudo o que brota do coração humano humilde e sincero.

– Por todas as criaturas do céu e da terra.

– Bendito seja o Deus da vida!
– Por causa daqueles que praticam o bem e a justiça.
– Por nossas famílias e comunidades.
– Por nosso papa, por nosso bispo e nosso pároco.
– Por causa de todos os que provocam o encontro entre as pessoas.

4. Palavra de Deus *(Lc 1,39-45)*
Naqueles dias, Maria partiu em viagem, indo às pressas para a região montanhosa, para uma cidade da Judeia. Entrou na casa de Zacarias e cumprimentou Isabel. Logo que Isabel ouviu a saudação de Maria, o menino saltou em seu seio, e Isabel ficou cheia do Espírito Santo e exclamou em alta voz: "Tu és bendita entre as mulheres e bendito é o fruto de teu ventre! Como me é dado que venha a mim a mãe de meu Senhor? Pois assim que chegou a meus ouvidos a voz de tua saudação, o menino saltou de alegria em meu seio. Bem-aventurada aquela que acreditou que se cumpriria o que lhe foi dito da parte do Senhor!" *Palavra da Salvação!*

5. Interiorização

Maria saiu de sua casa e de sua terra e foi ao encontro de Isabel. O que cada um de nós aprende com essa atitude de Maria?

6. Súplica

– Ó Jesus, manso e humilde de coração, **ouvi-me!**

– Da falta de amor para com os pobres, **livrai-me, ó Jesus!**

– Da vontade de ter só para mim mesmo, **livrai-me, ó Jesus!**

– Da falta de vontade de servir aos outros, **livrai-me, ó Jesus!**

– Da pouca fé em participar da Comunidade, **livrai-me, ó Jesus!**

– Da vontade de ver só os defeitos dos outros, **livrai-me, ó Jesus!**

7. Oração final *(p. 6)*

3º Dia

Uma voz clama no deserto, na cidade

1. Oração inicial *(p. 5)*

2. Intenções

Neste terceiro dia da novena em louvor a São João, nós queremos, Senhor, vos pedir esta graça... (*manifestar a graça que espera alcançar*). Queremos, Senhor, escutar vossa voz que se faz presente nos fatos e acontecimentos, como também a voz daqueles que evangelizam e se dedicam no serviço à Comunidade. Se nosso desejo estiver de acordo com o vosso, atendei-nos, Deus de bondade!

3. Prece de louvor

Façamos nosso louvor ao Pai do céu. Assim como a água, com o calor do sol sobe até os céus, chegue até o coração de Deus, por intercessão de São João, nosso louvor, e que ele seja de seu agrado.

– Porque a voz de Deus ressoa em toda a terra.
– Bendito seja o Deus da vida!
– Porque existem pessoas sem medo de proclamar as maravilhas do Senhor.

– Porque podemos todos os dias proclamar o seu amor.

– Porque ele cobre o céu com nuvens, e dá a chuva para molhar a terra.

– No orvalho da manhã, no sol inclemente, na beleza do entardecer.

4. Palavra de Deus *(Mt 3,1-6)*

Por aqueles dias apareceu João Batista a pregar no deserto da Judeia, dizendo: "Convertei-vos, pois está próximo o Reino dos Céus!" Pois a ele referia-se o profeta Isaías, quando disse: "Uma voz clama no deserto: Preparai o caminho do Senhor! Retificai suas estradas!" João usava uma roupa de pelos de camelo e um cinto de couro na cintura. Alimentava-se de gafanhotos e de mel do campo. O povo de Jerusalém, de toda a Judeia e do vale do Jordão ia até ele, confessava seus pecados, e ele batizava a todos no Rio Jordão. *Palavra da Salvação!*

5. Interiorização

João Batista saiu pregando na Judeia. Como nós entendemos hoje: *"Convertei-vos, pois está próximo o Reino dos Céus"*?

6. Súplica
– Ó Jesus, manso e humilde de coração, **ouvi-me!**
– Da pouca vontade de rezar, **livrai-me, ó Jesus!**
– Da pouca vontade de cantar e de me alegrar, **livrai-me, ó Jesus!**
– Das práticas de injustiças, **livrai-me, ó Jesus!**
– Das maldades e das ganâncias, **livrai-me, ó Jesus!**

7. Oração final *(p. 6)*

4º Dia

Dele ouvimos a mensagem

1. Oração inicial *(p. 5)*

2. Intenções

Neste quarto dia da novena em louvor a São João, nós queremos, Senhor, vos pedir esta graça... (*manifestar a graça que espera alcançar*). Os discípulos de João viram tudo o que Jesus realizava. Esperamos também realizar o bem e a justiça em vosso nome. Se nosso desejo estiver de acordo com o vosso, atendei-nos, Deus de bondade!

3. Prece de louvor

O rio corre veloz em busca do mar. Os rios vão se juntando entre si até chegar a seu destino. Juntemos nossas vozes, para que o Pai seja louvado e bendito por todos aqueles que o amam sinceramente.

– Louvemos o Senhor, porque ele nos ama.
– **Bendito seja o Deus da vida!**

– Louvemos o Senhor, porque ele fez e faz maravilhas.

– Louvemos o Senhor, porque ele transforma a terra seca em terra fértil.

– Louvemos o Senhor, porque ele nos ama e nos faz fortes no amor.

– Louvemos o Senhor, porque ele é o Deus da paz.

4. Palavra de Deus *(Mt 11,2-6)*

João Batista, que estava na prisão, ficou sabendo das obras que Cristo fazia e mandou dois discípulos perguntar-lhe: "És tu aquele que deve vir, ou temos de esperar outro?" Jesus respondeu-lhes: "Ide e contai a João o que estais ouvindo e vendo: os cegos veem, os paralíticos andam, os leprosos ficam curados, os surdos ouvem, os mortos ressuscitam e a Boa-Nova é anunciada aos pobres. E feliz aquele para o qual não sou motivo de queda!" *Palavra da Salvação!*

5. Interiorização

Quais são os cegos, os surdos, os leprosos no mundo de hoje?

6. Súplica
– Ó Jesus, manso e humilde de coração, **ouvi-me!**
– Do desejo de ser louvado, **livrai-me, ó Jesus!**
– Do desejo de ser preferido, **livrai-me, ó Jesus!**
– Do desejo de ser consultado, **livrai-me, ó Jesus!**
– Do desejo de possuir mais e mais, **livrai-me, ó Jesus!**

7. Oração final *(p. 6)*

5º dia

Quem é que deve vir?

1. Oração inicial *(p. 5)*

2. Intenções

Neste quinto dia da novena em louvor a São João, nós queremos, Senhor, vos pedir esta graça... *(manifestar a graça que espera alcançar)*. Gente da Judeia e de Jerusalém corria ao encontro de João; e nós queremos correr sempre ao encontro da vida, que vem de vós. Se o nosso desejo estiver de acordo com o vosso, atendei-nos, Deus de bondade!

3. Prece de louvor

A planta espera a água benfazeja da chuva. A mãe espera o filho nascer. O doente espera sarar. Os filhos esperam por seus pais. Deus espera daqueles que o amam, a gratidão e o louvor. Louvemos o Senhor, que não se cansa de nos amar.

– Pelo deserto, pelas plantas, peixes e aves.
– Bendito seja o Deus da vida!

– Por aqueles que sabem que tudo vem de Deus.

– Porque há homens e mulheres dispostos a construir a paz.

– Por causa do firmamento infinito e das profundezas do mar.

– Pelos instrumentos musicais, pela arte e pela dança.

4. Palavra de Deus *(Mc 1,4-8)*

Apareceu João Batista no deserto, pregando um batismo de conversão para o perdão dos pecados. Acorriam a ele todo o país da Judeia e todos os habitantes de Jerusalém, e se faziam batizar por ele no Jordão, confessando seus pecados. A roupa de João era de pelos de camelo, com um cinto de couro ao redor da cintura. Seu alimento eram gafanhotos e mel silvestre. E, em sua pregação, ele dizia: "Depois de mim virá aquele que é mais forte do que eu, a quem não sou digno de, inclinando-me, desatar a correia das sandálias. Eu vos batizei com água, mas ele vos batizará com o Espírito Santo". *Palavra da Salvação!*

5. Interiorização

João Batista tem uma atitude de grande humildade ao reconhecer que Jesus é maior do que ele. Por que a virtude da humildade é importante para nós?

6. Súplica

– Ó Jesus, manso e humilde de coração, **ouvi-me!**
– De todas as tentações, **livrai-me, ó Jesus!**
– Das amarguras e sofrimentos, **livrai-me, ó Jesus!**
– Da pouca vontade em vos servir, **livrai-me, ó Jesus!**
– Da falta de humildade, **livrai-me, ó Jesus!**
– De meus pecados, **livrai-me, ó Jesus!**

7. Oração final *(p. 6)*

6º dia

Veio, mas não o reconheceram!

1. Oração inicial *(p. 5)*

2. Intenções
Neste sexto dia da novena em louvor a São João, nós queremos, Senhor, vos pedir esta graça... (*manifestar a graça que espera alcançar*). Queremos, Senhor, aprender cada vez mais de vós e aceitar vossos desígnios com humildade e esperança. Se nosso desejo estiver de acordo com o vosso, atendei-nos, Deus de bondade!

3. Prece de louvor
Somos todos lembrados dos feitos do Pai do céu em nosso favor. Por decisão de sua livre vontade e de seu amor, ele nos enviou seu Filho único, do qual João anunciou a vinda. De coração agradecido, louvemos nosso Deus e Pai.
– O Senhor se encanta com a força dos humildes.

– **Bendito seja o Deus da vida!**
– Ele confunde os planos dos corações orgulhosos.
– Ele não aprova as injustiças cometidas.
– Ele se encanta com a beleza e simplicidade da criança.
– Porque ele ama, também perdoa os pecadores.

4. Palavra de Deus *(Jo 1,14-17)*

E o Verbo se fez carne e veio morar no meio de nós. E contemplamos sua glória, a glória que recebe do Pai como Filho único, cheio de graça e de verdade. João dá testemunho dele e proclama: "É dele que eu disse: Aquele que há de vir depois de mim passou a minha frente, porque já existia antes de mim". Nós todos recebemos de sua plenitude, e graça sobre graça. Porque a Lei foi dada por Moisés, mas a graça e a verdade vieram por Jesus Cristo. *Palavra da Salvação!*

5. Interiorização

Jesus nasceu no mundo, mas nem todos o aceitaram como Filho de Deus. Rejeitaram-no. Quais são as rejeições do mundo hoje, para com Jesus Cristo?

6. Súplica

– Ó Jesus, manso e humilde de coração, **ouvi-me!**

– Do desejo de ser sempre compreendido, **livrai-me, ó Jesus!**

– Da pouca vontade de rezar e amar, **livrai-me, ó Jesus!**

– Das resistências na prática do bem, **livrai-me ó Jesus!**

– De não reconhecer-vos nos pobres e sofredores, **livrai-me, ó Jesus!**

– De não aceitar os sofrimentos permitidos por vós, **livrai-me, ó Jesus!**

7. Oração final *(p. 6)*

7º dia

A violência em nosso mundo

1. Oração inicial *(p. 5)*

2. Intenções
Neste sétimo dia da novena em louvor a São João, nós queremos, Senhor, vos pedir esta graça... *(manifestar a graça que espera alcançar)*. A violência nos entristece e esfacela a vida das famílias atingidas. Ajudai-nos a ser sempre em favor da paz. Se nosso desejo estiver de acordo com o vosso, atendei-nos, Deus de bondade!

3. Prece de louvor
O Senhor é aquele que nos conduz sobre verdes campos, nos dá o alimento de cada dia e nos faz viver. Ele está sempre batendo à porta de nosso coração para que não nos esqueçamos de que também devemos amar. Com São João Batista, louvemos o Senhor.

– Por nosso alimento de todos os dias e por nossas famílias.
– **Bendito seja o Deus da vida!**
– Por aqueles que não fingem amar e buscam a paz.
– Pelos homens e mulheres que buscam o diálogo entre os povos.
– Por aqueles que promovem o bem e a concórdia em nossas cidades.
– Por aqueles que deram a vida pela causa da justiça e da dignidade do ser humano.

4. Palavra de Deus *(Mc 6,22-27)*

Entrou a filha de Herodíades e pôs-se a dançar, agradando a Herodes e aos convivas. O rei disse, então, à moça: "Pede-me o que quiseres, que te darei". E jurou-lhe: "Tudo o que pedires eu te darei, até mesmo a metade de meu reino!" Ela saiu e foi perguntar à mãe: "O que vou pedir?" Esta lhe respondeu: "A cabeça de João Batista". Voltando logo para junto do rei, fez o pedido: "Quero que me dês, agora mesmo, num prato, a cabeça de João Batista". O rei ficou muito triste, mas por causa do juramento feito perante os convivas, não quis deixar de atendê-la. Enviou logo um guarda com a ordem de trazer a cabeça de João. O guarda foi e o decapitou na cadeia. Depois trouxe a cabeça num prato e a deu à moça, e esta a entregou à mãe. *Palavra da Salvação!*

5. Interiorização
A violência não agrada a Deus nem ao ser humano. Ela não é somente a da guerra, a do assassinato... é também violência quando agredimos as pessoas com gestos e palavras. Concorda ou não? Por quê?

6. Súplica
– Ó Jesus, manso e humilde de coração, **ouvi-me!**
– Da falta de união na comunidade, **livrai-me, ó Jesus!**
– De não reconhecer o esforço dos outros, **livrai-me, ó Jesus!**
– De todo o orgulho e presunção, **livrai-me, ó Jesus!**
– Das guerras e de todas as violências, **livrai-me, ó Jesus!**
– Das agressões nas famílias e no trabalho, **livrai-me, ó Jesus!**

7. Oração final *(p. 6)*

8º dia
Vinde e vede!

1. Oração inicial *(p. 5)*

2. Intenções
Neste oitavo dia da novena em louvor a São João, nós queremos, Senhor, vos pedir esta graça... (*manifestar a graça que espera alcançar*). Vinde, Senhor, morar em nosso coração, assim como acolhestes os discípulos de João. Se nosso desejo estiver de acordo com o vosso, atendei-nos, Deus de bondade!

3. Prece de louvor
Deus nos ama e não podemos deixar de corresponder a seu amor. Assim fazem aqueles que buscam sinceramente o Senhor. Assim fizeram os discípulos de João: ficaram com Jesus o dia todo. Seja agora nosso louvor o estar bem perto do Senhor.

– Louvemos o Senhor nas alturas, em seus anjos e em seus santos.

– Bendito seja o Deus da vida!
– Céus e terra, sol e lua, astros e estrelas, louvem o Senhor.
– Louvem o Senhor, montes e colinas, chuva e calor, gelos e neves.
– Louvem o Senhor, todos aqueles que procuram fazer sua vontade.
– Todos os povos da terra, todas as raças e línguas, continentes e ilhas distantes.

4. Palavra de Deus *(Jo 1,35-39)*

No dia seguinte, João estava lá de novo com dois de seus discípulos. Fixando o olhar em Jesus que passava, disse: "Aí está o Cordeiro de Deus". Os dois discípulos o ouviram dizer isto e seguiram a Jesus. Voltou-se Jesus e viu que o seguiam. E disse-lhes: "Que buscais?" Responderam-lhe: "Rabi (esta palavra quer dizer Mestre), onde moras?" "Vinde e vede", disse ele. Eles foram, viram onde morava e nesse dia ficaram com ele. *Palavra da Salvação!*

5. Interiorização

O sacrário é a continuidade da missa. Quantas vezes vamos até o sacrário para estar com Jesus e permanecer com ele alguns instantes?

6. Súplica

– Ó Jesus, manso e humilde de coração, **ouvi-me!**

– De não ver a simplicidade e candura da criança, **livrai-me, ó Jesus!**

– Da falta de esperança na juventude, **livrai-me, ó Jesus!**

– Dos corruptos e desejosos de poder, **livrai-me, ó Jesus!**

– Do desejo de estar no primeiro lugar, **livrai-me, ó Jesus!**

– Do desejo de ser aplaudido, **livrai-me, ó Jesus!**

7. Oração final *(p. 6)*

9º dia

Quem dizem que eu sou?

1. Oração inicial *(p. 5)*

2. Intenções

Neste nono dia da novena em louvor a São João, nós queremos, Senhor, vos pedir esta graça... *(manifestar a graça que espera alcançar)*. Sabemos que vós sois o Filho de Deus vivo e nosso Redentor. Dai-nos vossa salvação. Se nosso desejo estiver de acordo com o vosso, atendei-nos, Deus de bondade!

3. Prece de louvor

Deus é Aquele que se assenta ao nosso lado e conversa conosco. Por isso, com nosso agradecimento, louvemos o Deus que se faz presente em nossas vidas.

– Pela novena que estamos terminando.
– **Obrigado, Deus da vida!**
– Porque somos Comunidade, Igreja, Povo de Deus.

– Pelas graças recebidas.
– Pelo testemunho de João Batista.

4. Palavra de Deus *(Lc 9,18-20)*

Certa vez, quando Jesus estava orando a sós, não tendo ninguém consigo senão os discípulos, fez-lhes esta pergunta: "Quem sou eu, na opinião do povo?" Responderam-lhe: "João Batista; para outros, és Elias; para outros ainda, és um dos antigos profetas que ressuscitou". Disse-lhes então Jesus: "E vós, quem dizeis que eu sou?" Pedro respondeu: "O Cristo de Deus". *Palavra da Salvação!*

5. Interiorização

Jesus interrogou os discípulos sobre sua pessoa. Quem nós dizemos que ele é para nós? Que lugar ele tem em nossa vida?

6. Súplica

– Ó Jesus, manso e humilde de coração, **ouvi-me!**
– De não saber agradecer, **livrai-me, ó Jesus!**
– De não valorizar a minha comunidade, **livrai-me, ó Jesus!**
– De não viver a fraternidade, **livrai-me, ó Jesus!**

7. Oração final *(p. 6)*